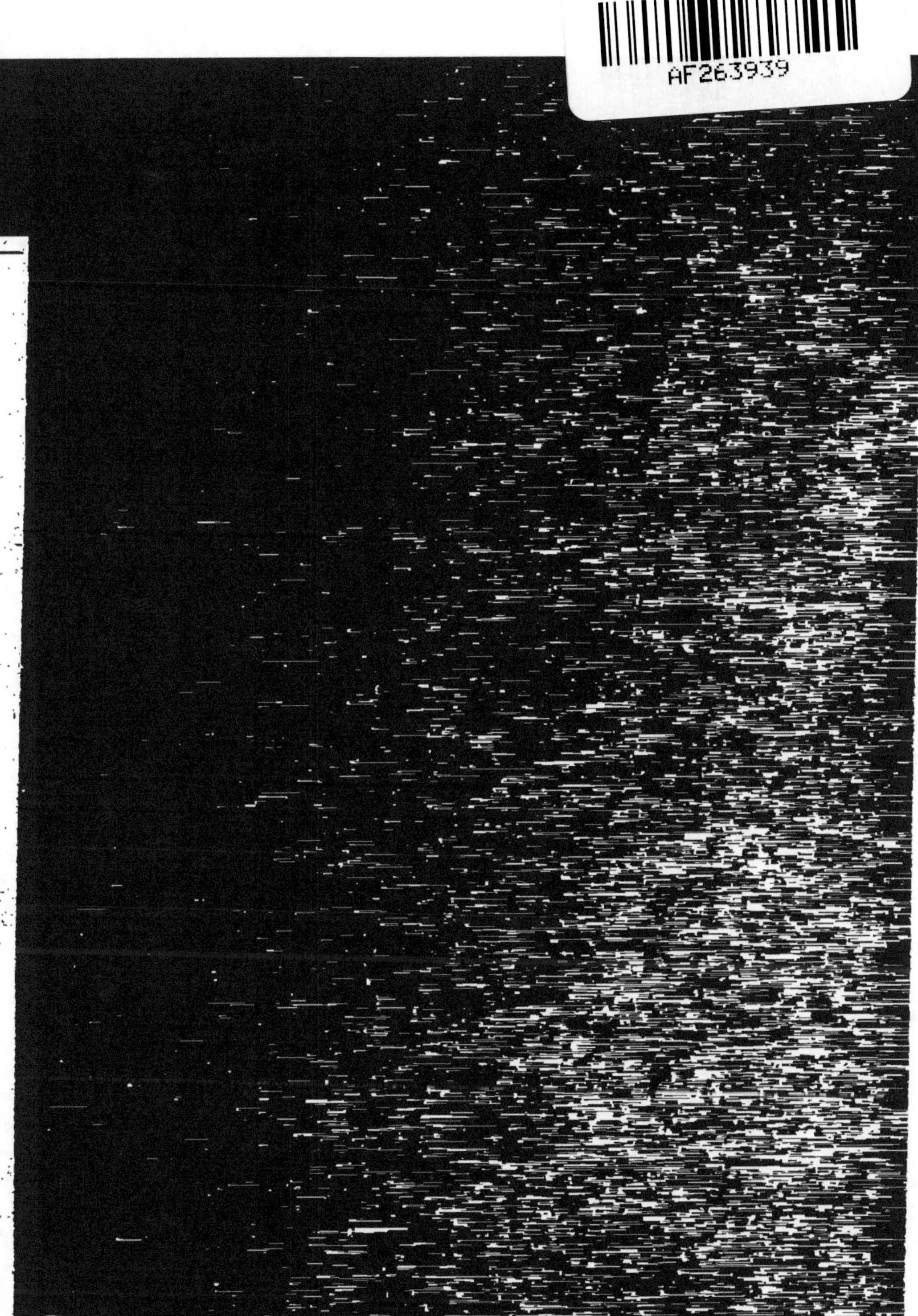

L n 27
22843

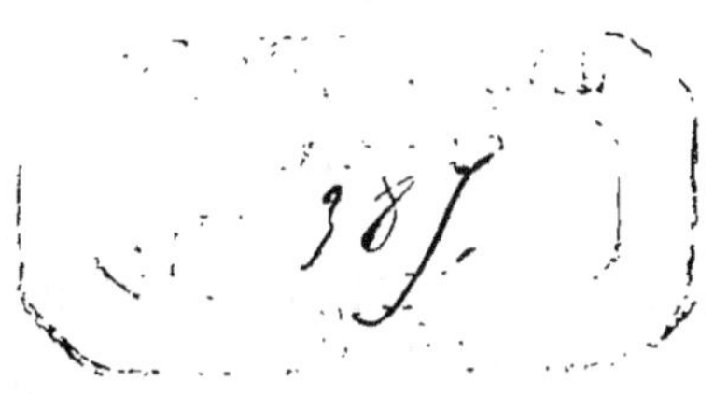

On fait la biographie des conquérants, des grands écrivains, des illustres faiseurs de découvertes, pourquoi ne ferait-on pas celle des hommes de bien? C'est ce qui nous a inspiré ce travail.

M. J. Floris est un de ces hommes simples et bons, dévoués et courageux, dont l'exemple doit être donné à tous pour relever dans sa propre estime l'humanité, pour servir de modèle aux uns, d'encouragement aux autres.

Ce citoyen honorable n'a jamais fait parade de titres et de chartes qui ne sont un honneur que par ricochet, mais il a des titres tout autrement dignes d'attention, ceux que l'homme toujours prêt au service de ses semblables se fait par chacune de ses belles actions, par son zèle à ne faire que le bien, et toujours le bien.

Jean Floris naquit à Bordeaux sur la paroisse Sainte-Eulalie, qu'il habite encore après soixante-trois ans, et dont le foyer est situé vis-à-vis celui-là même qui abrita ses premiers pas, le 1er novembre 1802. Le père du nouveau-né se nommait Guillaume Floris et la mère Marie Ricau.

C'étaient de braves gens, distingués par leur honnêteté et leur amour du travail. Le brave Floris ne cache pas ce qu'a de modeste son origine; il ne rougit pas du métier de ses parents, et c'est là la vraie noblesse.

Guillaume Floris était boulanger et Marie Ricau regrattière : c'était un de ces types perdus de femmes bordelaises, dont la bonne mine, le travail ardent, l'instinct commercial propre à notre cité, rehaussaient le costume original et pittoresque, malheureusement aussi perdu aujourd'hui.

Guillaume Floris était né à Aurignac, district de Saint-Gaudens, circonscription actuelle de la Haute-Garonne, le 22 mars 1759, de Jean-Louis Floris, tapissier, et de Jeanne Larroche. Le parrain avait été Guillaume Monteaux et la marraine Magdeleine Floris, parente du nouveau-né.

On le voit, déjà depuis longtemps la famille

Floris jouissait d'une honorable considération et exerçait utilement d'honnêtes professions.

Marie Ricau était née à Saint-Quentin le 25 octobre 1762, de Pierre Ricau, vigneron, et de Catherine Faure; elle fut baptisée le lendemain et vint de bonne heure dans la grande ville du Midi, dont elle devint quasi indigène, Saint-Quentin étant d'ailleurs dans la circonscription de Bordeaux.

C'est le 28 vendémiaire an III que Guillaume Floris unissait ses destinées à celles de Marie Ricau, déjà pourvue d'une honnête aisance et qui allait l'augmenter encore par son habileté, sa loyauté dans les petites affaires qui formaient alors le commerce sûr et honnêtement lucratif des marchandes de Bordeaux. Barsac est le nom de l'officier public qui présida au mariage.

Les deux conjoints habitaient du reste ce vieux et loyal quartier, le plus indigène de Bordeaux, Saint-Michel; tous les deux étaient chemin du Sablona, aujourd'hui route d'Espagne : l'un au n° 95 et l'autre au 70.

Le jeune Floris fut le rejeton de cette union simple et bonne, comme elles étaient autrefois.

Il se montra, dès son enfance, secourable, bon pour tous. Sa mère était la providence du quartier, alors fort pauvre, où s'élèvent les rues du Tondu, de Navarre, etc.

Le jeune Floris, déjà compatissant et dévoué à ses semblables, était l'intermédiaire de sa mère, allait avec une sollicitude digne d'éloge, dans tout le quartier, chercher le malheur, le soulager.

Il fut élevé à l'École chrétienne de Sainte-Eulalie, par le vénérable Frère Alphonse, encore visiteur du sud-ouest, et ensuite à la pension de M. Dubedat.

Il travailla aussi de bonne heure, pour ajouter les ressources de son labeur à celui de sa vaillante mère.

Et presque enfant encore, enfant même, il débutait dans la carrière du sauvetage; car Floris est né sauveteur, c'est le sauveteur par essence : on le verra bien par la suite de cette notice.

En 1817, Floris avait quinze ans, des enfants allaient se noyer dans la Garonne, près des Enfants-Trouvés, à l'endroit appelé alors la cale Meyróux. Heureusement, Floris était là; il les rendit à la vie.

En 1820 (on voit que Floris marche vite dans la carrière du sauvetage), au port de la Monnaie, de notre ville encore, un petit garçon, faisant baigner des chevaux, perdit pied et avait déjà disparu sous des bateaux amarrés sur ce point. Floris alla chercher l'enfant dans ce périlleux gouffre et en ressortit avec lui.

En 1823, une femme, une blanchisseuse, était

tombée dans le chenal du Pont-Saint-Jean. Floris, la providence des noyés, était heureusement près de là ; cette brave femme lui dut son salut.

En 1823, à Caudéran, sur la route de Saint-Médard, et près de la propriété actuelle de M. Mareilhac, des enfants se trouvaient avec leur bonne dans une voiture dont la dame venait de descendre. Floris courut au-devant des chevaux emportés et qui allaient précipiter dans une mort certaine leur précieux et tendre fardeau. Il eut le bonheur encore de sauver ces infortunés. Pendant soixante mètres, le courageux jeune homme se fit traîner par le véhicule.

En 1824, Floris était déjà à Paris, où il travaillait activement comme à Bordeaux ; il demeurait rue de la Harpe. Une Bourguignonne était tombée dans la Seine, près du pont Saint-Michel ; Floris n'hésita pas un instant et ramena cette malheureuse sur la berge.

Bordeaux ne suffisait pas à l'ardeur du jeune sauveteur, Paris était déjà le théâtre de ses efforts de courage, qu'il appelle lui, modestement, son devoir.

En 1828, Floris était revenu dans son pays natal. Une petite fille, la fille d'un coiffeur de la rue de Berry, nommé Castet, était tombée sous une voiture qui allait infailliblement l'écraser, lorsque le providentiel Floris se trouve là. Mlle Castet est sauvée, et cette jeune femme est encore pleine de vie à Clermont-Dessus (Lot-et-Garonne). La phalange d'un doigt qui lui fut enlevée par la voiture est encore un glorieux stigmate pour le sauveteur bordelais.

En 1832, Floris était allé s'établir au Havre; il travaillait là comme employé chez M. Morin, riche raffineur de cette place. Dans un incendie, un enfant allait périr; Floris eut le courage d'aller l'arracher aux flammes, préludant ainsi à sa belle conduite de 1845.

En 1838, rue Notre-Dame, chez M. Guérin, dans la maison d'un épicier, un incendie éclatait. Floris montra beaucoup de dévouement dans cette circonstance. Quarante jours il resta aveugle, et reçut les soins du brave docteur Perrin.

Ce n'étaient pas, hélas! les dernières blessures qu'il devait recevoir au service du bien.

Depuis plusieurs années déjà Floris faisait partie de ce corps des sapeurs-pompiers qui rend tant de services, et qui a été si souvent, au péril de sa vie, le sauveur de nos vies et de nos propriétés.

En 1842, un navire s'embrasait dans le port, entre la rue du Couvent et la rue Raze. Il fut blessé de nouveau dans cette bataille du dévouement. Le docteur Perrin donna des soins encore au brave soldat de l'ordre et du sauvetage, qu'un genou atteint retenait sur son lit de douleur.

Tout le monde se souvient du terrible spectacle qu'offrait ce vaisseau incendié. L'action d'éclat qui lui avait valu cette glorieuse blessure était l'alarme donnée pour la soute aux poudres : « Aux poudres ! aux poudres ! » avait-on crié, et il était descendu, sans marchander un instant, pour prévenir l'explosion.

Avant de passer au grand épisode qui a complètement transformé la vie de Floris, parlons de la part si honorable qu'il prit dans de mémorables événements.

En juillet 1830, après avoir mutilé le comte de Curzay et saccagé la Préfecture, les émeutiers s'étaient rendus devant la Douane, qu'ils voulaient piller également, et dont ils voulaient massacrer le directeur, le comte de Raymond. Six cents hommes étaient là, prêts à assouvir leur soif de sang. Floris se met devant la porte, fait une barrière de son corps et de ses sages paroles, et détourne ce torrent périlleux, qui se porte ensuite vers la Pyramide.

Arrivons au grand fait de l'existence de M. Floris. En 1845, le feu exerçait ses ravages dans la rue Borie. On se souvient dans toute la France de ce terrible sinistre qui engloutit tant de richesses vinicoles. Malheureusement il supprima aussi trop de vies humaines. Après des miracles de courage et de travail dévoué, Floris, tout noir du feu comme un zouave l'est de la poudre, était sur le fameux mur qui s'éboula, et où périrent le commandant Filleau, commandant supérieur des sapeurs-pompiers, le docteur Gergerès, chirurgien-major du corps ; le capitaine Berteau, adjudant-major ; le lieutenant Delas, les sapeurs Marcou, Baudin et Laguette.

Floris ne mourut pas, mais il eut, sauf la mort, la part la plus large à ce terrible désastre : trois côtes enfoncées, la tête fendue à deux endroits, les deux jambes brûlées ou écrasées. Il fut question un moment de lui amputer ces deux membres. Il en a été quitte pour une jambe de bois, qui restera toujours le signe de l'honneur, comme pour les braves invalides qui se reposent de leurs nobles travaux dans l'asile fondé par Louis XIV. Porté d'abord chez M. Taillefer, pharmacien, quai des Chartrons, il fut ensuite transféré à l'hôpital Saint-André, où il reçut les soins des docteurs Rey et Puydebat.

M. Duffour-Dubergier, commandeur de la Légion-d'Honneur, maire de Bordeaux, vint le voir dans ce refuge de la souffrance, le féliciter de sa belle conduite, lui donner de bonnes paroles.

Quelques temps après, le cardinal de Bordeaux conduisait deux autres pontifes, celui de Beauvais en particulier, dans la demeure du noble débris du sinistre des Chartrons, et croyait honorer la pourpre par ce contact avec un dévouement qui s'est ignoré et s'ignore encore lui-même.

Pourtant Floris croyait encore n'avoir rien fait.

Quoique mutilé, quoique amputé, le 25 août 1864, il se signalait encore à un incendie. Et voici comment un journal important de notre ville en. rendait compte :

« Dans l'incendie qui a détruit, le 22 de ce mois, une glacière dans la rue Belleville, on a dû à la présence d'esprit d'un courageux citoyen la préservation d'une scierie voisine, contre les murs de laquelle une assez grande quantité de fagots était adossée. M. Floris, débitant de tabacs, chemin du Tondu, bien qu'ayant une jambe de bois, est parvenu, par son activité, à enlever tous ces fagots, et par là, à empêcher l'incendie de prendre une proportion désastreuse. »

Ce n'est pas tout. Pendant l'hiver de 1864, on sait que les inondations du Peugue et de la Devèze firent un vaste lac de la partie reculée de Belleville. Floris, le premier sur la brèche, dirigeait tous les secours, aidé d'un bateau de sauvetage, et il se montra encore là le serviteur de l'humanité, l'esclave de ce qu'il appelle son devoir. A onze heures du soir il était sur les flots de ce fleuve improvisé, cherchant le malheureux à sauver, les objets à préserver du fléau.

Aussi, des récompenses sont-elles venues chercher cet homme de bien, qui n'a pas dit son dernier mot. Sa main est encore toujours ouverte au malheur. Dans le silence il soulage bien des infortunes, et quoique à peine pourvu d'une modeste indépendance, il trouve encore le moyen d'être utile et de relever bien des malheureux.

Les humbles honneurs qu'il a obtenus, et que d'ailleurs sa famille n'était pas tout à fait inhabituée à recevoir (*), sont ceux-ci :

Une médaille d'or lui était décernée en 1845.

Le diplôme et la médaille de sauveteur de Bordeaux, en 18 .

Le diplôme de la Société centrale des Sauveteurs de France, à Paris, en 1854.

En septembre 1864, la médaille et le diplôme de sauveteur de Marseille.

Le 10 juillet 1864, le diplôme de membre de l'Institut d'Afrique.

(*) Le frère de son père était commandant de gendarmerie. Les deux fils de ce dernier ont été, l'un capitaine et l'autre quartier-maître.

Le 1ᵉʳ décembre 1864, le diplôme de sauveteur de la Société de Saône-et-Loire.

La moralité à retirer de cette biographie, c'est de voir un homme, sorti des rangs populaires, arriver par le seul sentiment du devoir à produire de grandes choses, et à ne pas laisser passer un seul jour de sa vie sans se rendre utile à ses semblables.

Imitons ce bel exemple, remplissons bien notre vie, et que nos concitoyens puissent toujours compter sur nous, au prix même de notre repos, de notre vie.

M. Floris est tellement connu à Bordeaux, tellement l'honneur et la gloire de sa cité natale, sous l'écorce modeste qui cache son individualité, que nous, enfant de Bordeaux aussi, nous n'avons pu résister au besoin de faire connaître cette belle vie à nos compatriotes.

Bordeaux. — Imprimerie A.-R. CHAYNES, cours d'Aquitaine, 57.

www.ingramcontent.com/pod-product-compliance
Lightning Source LLC
Chambersburg PA
CBHW051221050726

47594CB00007B/3308